BARALHO CIGANO
CONTINENTE AFRICANO

BARALHO CIGANO

CONTINENTE AFRICANO

POR

RENATTO CARVALHO

© 2020, Editora Anúbis

Revisão:
Equipe Técnica Anúbis

Ilustrações e capa:
Renatto Carvalho

Projeto gráfico e diagramação:
Edinei Gonçalves

Dados Internacionais de Catalogação na Publicação (CIP)
(Câmara Brasileira do Livro, SP, Brasil)

Carvalho, Renatto
 Baralho cigano : continente africano / Renatto Carvalho. --
1. ed. -- São Paulo : Anubis, 2020.

 ISBN 978-65-88661-01-7

 1. Adivinhações 2. África - Civilização 3. Baralho
4. Cartomancia I. Título.

20-44706   CDD-133.3242

Índices para catálogo sistemático:

1. Baralho : Cartomancia : Artes adivinhatórias
   133.3242

Aline Graziele Benitez - Bibliotecária - CRB-1/3129

São Paulo/SP – República Federativa do Brasil
Printed in Brazil – Impresso no Brasil

Este livro segue as novas regras do Acordo Ortográfico da Língua Portuguesa.

Os direitos de reprodução desta obra pertencem à Editora Anúbis. Portanto, não é permitida a reprodução total ou parcial desta obra, de qualquer forma ou por qualquer meio eletrônico, mecânico, inclusive por meio de processos xerográficos, incluindo ainda o uso da internet, sem a permissão expressa por escrito da Editora (Lei nº 9.610, de 19.2.98).

Distribuição exclusiva
Aquaroli Books
Rua Curupá, 801 – Vila Formosa – São Paulo/SP
CEP 03355-010 – Tel.: (11) 2673-3599
atendimento@aquarolibooks.com.br

Sumário

Prece de Cáritas 9

Hino de Umbanda. 11

Pai Nosso Umbandista 13

Credo Umbandista 15

Salmo 23 na Umbanda 17

Prefácio. 19

Umas Poucas Palavras. 21

Conhecendo as Cartas 23

Cavaleiro 29

Trevo 31

Barco 33

Casa 35

Árvore 37

Nuvens 39

Serpente 41

Caixão 43

Flores	45
Foice	47
Chicote	49
Pássaros	51
Criança	53
Raposa	55
Urso	57
Estrela	59
Cegonha	61
Cachorro	63
Torre	65
Jardim	67
Montanha	69
Caminho	71
Rato	73
Coração	75
Anel	77
Livro	79
Carta	81
Homem	83
Mulher	85
Lírios	87
Sol	89
Lua	91

Chave 93

Peixes 95

Âncora 97

Cruz 99

Consagração das Cartas 101

   Oração de Santa Sara Kali 103

Métodos de Leitura 107

   Método de 3 Cartas 108

   Método do Conselho 109

   Método de 5 Cartas 110

   Método REAL de 36 Cartas 112

   Leitura por linha 115

Última Mensagem 117

Prece de Cáritas

DEUS, nosso Pai, que sois todo poder e bondade, dai força àquele que passa pela provação; dai a luz àquele que procura a verdade, pondo no coração do homem a compaixão e a caridade.

Deus, dai ao viajor a estrela guia; ao aflito, a consolação; ao doente, o repouso. Pai, dai ao culpado o arrependimento; ao espírito, a verdade; à criança, o guia; ao órfão, o pai.

Senhor, que a vossa bondade se estenda sobre tudo o que criaste.

Piedade, Senhor, para aqueles que não vos conhecem; esperança para aqueles que sofrem.

Que a vossa bondade permita aos espíritos consoladores derramarem por toda parte a paz, a esperança e a fé.

Deus, um raio, uma faísca do Vosso Amor pode abrasar a Terra.

Deixa-nos beber nas fontes dessa bondade fecunda e infinita e todas as lágrimas secarão, todas as dores acalmar-se-ão.

Um só coração, um só pensamento subirá até Vós como um grito de reconhecimento e amor.

Como Moisés sobre a montanha, nós Vos esperamos com os braços abertos.

Oh! Poder... Oh! Bondade... Oh! Beleza... Oh! Perfeição... E queremos de alguma sorte alcançar a Vossa Misericórdia.

Deus, dai-nos a força de ajudar o progresso a fim de subirmos até Vós.

Dai-nos a caridade pura; dai-nos a fé e a razão; dai-nos a simplicidade que fará de nossas almas o espelho onde deve refletir a Vossa Santa e Misericordiosa Imagem.

Hino de Umbanda

Refletiu a luz divina
em todo seu esplendor;
é do Reino de Oxalá
onde há Paz e Amor.

Luz que refletiu na terra,
luz que refletiu no mar,
luz que veio de Aruanda
para tudo iluminar.

A Umbanda é Paz e Amor,
é um mundo cheio de luz...
é a força que nos dá vida
e à grandeza nos conduz.

Avante, filhos de fé
como a nossa Lei não há...
levando ao mundo inteiro
a bandeira de Oxalá.

Pai Nosso Umbandista

Pai nosso que estás nos céus, nas matas, nos mares e em todos os mundos habitados.

Santificado seja o teu nome, pelos teus filhos, pela natureza, pelas águas, pela luz e pelo ar que respiramos.

Que o teu reino, reino do bem, do amor e da fraternidade, nos una a todos e a tudo que criaste, em torno da sagrada cruz, aos pés do Divino Salvador e Redentor.

Que a tua vontade nos conduza sempre para o culto do Amor e da Caridade.

Dá-nos hoje e sempre a vontade firme para sermos virtuosos e úteis aos nossos semelhantes.

Dá-nos hoje o pão do corpo, o fruto das matas e a água das fontes para o nosso sustento material e espiritual.

Perdoa, se merecermos, as nossas faltas e dá-nos o sublime sentimento do perdão para os que nos ofendem.

Não nos deixes sucumbir, ante a luta, dissabores, ingratidões, tentações dos maus espíritos e ilusões pecaminosas da matéria.

Envia, Pai, um raio de tua Divina complacência, Luz e Misericórdia para os teus filhos pecadores que aqui habitam, pelo bem da humanidade.

Que assim seja, em nome de Olorum, Oxalá e de todos os mensageiros da Luz Divina.

Credo Umbandista

Creio em Deus, onipotente e supremo.

Creio nos Orixás e nos Espíritos Divinos que nos trouxeram para a vida por vontade de Deus. Creio nas falanges espirituais, orientando os homens na vida terrena.

Creio na reencarnação das almas e na justiça divina, segundo a lei do retorno.

Creio na comunicação dos Guias Espirituais, encaminhando-nos para a caridade e para a prática do bem.

Creio na invocação, na prece e na oferenda, como atos de fé e creio na Umbanda, como religião redentora, capaz de nos levar pelo caminho da evolução até o nosso Pai Oxalá.

Salmo 23 na Umbanda

Oxalá é meu Pastor, nada me faltará.

Deitar-me faz nos verdes campos de Oxóssi.

Guia-me, Pai Ogum, mansamente nas águas tranquilas de Mãe Nanã Buruquê.

Refrigera minha alma meu Pai Obaluaê.

Guia-me, Mãe Iansã, pelas veredas da Justiça de Xangô.

Ainda que andasse pelo Vale das Sombras e da Morte de meu Pai Omulu, eu não temeria mal algum, porque Zambi está sempre comigo.

A tua vara e o teu cajado são meus guias na direita e na esquerda.

Consola-me, Mamãe Oxum.

Prepara uma mesa cheia de Vida perante mim, minha Mãe Iemanjá.

Exu e Pombagira, vos oferendo na presença de meus inimigos.

Unge a minha coroa com o óleo consagrado a Olorum, e o meu cálice, que é meu coração, transborda.

E certamente a bondade e a misericórdia de Oxalá estarão comigo por todos os dias.

E eu habitarei na casa dos Orixás, que é Aruanda, por longos dias!

Que assim seja!

SARAVÁ!

Prefácio

Nada nesse mundo acontece por acaso: são encontros que surgem o tempo inteiro e em sintonia com o Universo nos trazem possibilidades. E foi assim que conheci o Renatto. Coisas dessa vida, talvez de outras... Se for pensar em todas as vezes que trocamos experiências, mensagens, emoções, nos perderíamos.

Renatto me deu luz em momentos onde a dúvida e a insegurança reinava. Como tudo que se ganha devolvemos em dobro, talvez alguém tenha assoprado no meu ouvido coisas que ele precisava saber e de alguma forma isso despertou nele a inspiração, abriu o caminho, para que ele tenha tido essa visão incrível de um baralho com raízes tão fortes quanto às coisas em que nós acreditamos.

A construção dessas cartas não foi por acaso, vem de anos de estudo do Renatto sobre as Divindades Africanas, vivências espirituais e trocas com pessoas. Ele associa sua sabedoria ao conhecimento do Baralho Cigano, o qual faz uso há anos.

A sintonia que aconteceu dessa relação Baralho Cigano e África, nos faz ver que qualquer analogia converge na redescoberta da nossa essência: somos seres formados de pedaços espalhados pelo mundo. Quanto mais conhecemos e aprendemos, mais entendemos o quão bonito e igual somos.

Para nós, cartomantes, um presente poder ter em mãos tanta informação e nos conectar com essa força das nossas matrizes. De agora em diante, contaremos com mais essa ponte de contato com o divino, e certamente iremos ajudar aqueles que nos procuram com suas perguntas e necessidades. Traremos luz, amor e esperança para dias melhores a todos.

A você, amigo, um caminho ainda mais cheio de inspiração. Muito sucesso sempre!

Aos que buscarem esse livro, que ele sirva de transformação para suas vidas.

Dryad
Casa da Cigana Dryad

Umas Poucas Palavras

Quando elaborei este projeto, eu desejava presentear minha ancestralidade com algo bonito, algo significativo.

A ideia surgiu após uma conversa com minha amiga Dryad, que escreveu o prefácio desta obra, que em um jogo que abriu para mim, avisou que minha parte artística era abençoada pelo Povo Cigano. Neste momento não tive dúvida, era este o presente que precisava realizar para os meus Guias Espirituais.

Iniciei então uma jornada de pesquisa por imagens que pudessem representar bem todo o meu amor aos meus Orixás e Guias. Então, o que melhor fazer do que reverenciar com imagens da sua terra natal?

Sempre fui um amante dos estudos sobre História do Continente Africano e seus Orixás.

O que mostro nesta série de aquarelas são imagens de várias partes da África, vários Países deste Continente e muita religiosidade, que aprendi, nos muitos anos de amor e culto com minha linda Umbanda.

Desejo a você toda sorte possível e que sua missão seja cumprida e possa levar, através desta humilde homenagem que fiz, a PAZ a quem procura por ajuda.

Renatto Carvalho

Conhecendo as Cartas

Apresentarei algumas informações importantes para compreender as Cartas pela técnica que utilizei para aprofundar o teor místico que pode dar a elas.

1 – Todas as cartas são regidas por NAIPES do baralho comum, e são eles:

 OUROS – Tudo o que se relaciona ao elemento Terra é abarcado pelo naipe de ouros. Aí se encaixam os assuntos ligados à nossa permanência no mundo material, como casa, dinheiro, emprego e até mesmo família.

 PAUS – No caso das cartas de Paus, é o elemento fogo quem se manifesta. São cartas que tratam da paixão, da energia, das ideias, da inspiração, da criatividade e do conhecimento.

COPAS – As cartas de copas do baralho cigano estão profundamente ligadas aos sentimentos, aos amores, aos sonhos, às fantasias. Seu elemento é a água, e também tem conexão com a arte e o psiquismo.

 ESPADAS – O naipe de espadas no baralho cigano remete ao elemento ar. As cartas ligam-se à energia da nossa mente e racionalidade. Também desnudam elementos ligados às lutas e disputas, bem como à busca pela verdade.

Algumas figuras também serão identificadas na parte superior das cartas para identificar as cartas do baralho comum que se relacionam, então você verá lá o 9 de copas, por exemplo, 10 de ouros, mas também as figuras que representam o REI, RAINHA e VALETE. Poderá identificar cada uma de acordo com estas imagens:

REI RAINHA VALETE

Estas figuras sempre virão com a indicação do NAIPE a que representa, então poderá ser um REI DE ESPADAS, uma RAINHA DE OUROS ou um VALETE DE PAUS.

Outro ponto importante são as cores de fundo das cartas.

Amarelo	Otimismo e inovação	Ouro, riqueza, sol, calor, luz, energia, verão
Laranja	Vitalidade e energia	Apetite, pôr do sol, euforia, alegria, entusiasmo
Preto	Sobriedade e sofisticação	Noite, medo, morte / Nobreza, seriedade
Azul	Confiança e segurança	Céu, mar, tranquilidade / Seriedade, credibilidade
Lilás	Encantamento e energia	Igreja, religião, mistério, grandeza, experiência
Verde	Juventude e natureza	Natureza, vida, bem-estar, liberdade, esperança
Marrom	Solidez e robustez	Terra, melancolia, desconforto, conservadorismo
Rosa	Suavidade e animação	Feminilidade, delicadeza, suavidade, calma, afeto

Na parte de traz das cartas, eu utilizo uma imagem de um tabuleiro de IFÁ.

Ifá foi a Divindade Africana, no culto aos Orixás, responsável pelas adivinhações, a tábua de Ifá é um sistema divinatório que se originou na África Ocidental entre os Iorubás, na Nigéria. A imagem especificamente é de um Tabuleiro de Ifá Nigeriano do século XIX. Utilizei esta imagem para auxiliar na concentração no momento antes de leitura das cartas.

Bem, agora que tudo foi dito, vamos às cartas que criei inspirado nas Culturas dos povos do Continente Africano, sua regionalidade, religiosidade e também muito do que me foi ensinado pelo meu Guia Pai Benedito das Almas, Dona 7 e meus Ciganos.

Boa leitura!

Cavaleiro

Figura mitológica Africana de Exu. A imagem para esta carta é mensagem espiritual. Exu está montado em um Cavalo da Raça Berbere, natural da zona da Berbéria, no território que se estende da Líbia a Marrocos, Norte do continente Africano. O fundo rosa, no céu, revela aspecto positivo para o amor, neste caso e sucesso em qualquer assunto relacionado ao amor. Também revela sensibilidade e intuição aguçadas.

Esta carta é a mensageira de notícias que chegarão, através dos mensageiros espirituais. Boas notícias, resolução rápida.

Indica a necessidade de agir, de por em ação os planos e ter a certeza de que o sucesso será alcançado.

Confie nos que cuidam dos seus caminhos materiais e livre-se dos medos.

Trevo

Esta carta representa Iansã, Dona dos ventos e das tempestades. O importante aqui é revelar a cor de fundo amarelo, que dá ânimo para os obstáculos que surgirão. É preciso focar em coisas, situações e pessoas positivas para elevar a autoestima, revigorar as forças e sair de um estado melancólico.

O trevo significa que contratempos acontecerão, mas que com fé e perseverança, conseguirá atingir seus ideais.

Pense que para atingir a bonança, primeiro há de passar pela tempestade.

Iansã é dos ventos, mas também das tempestades, então confie que este momento é para aguardar a tempestade passar. Guarde segredo dos planos e espere que tudo se acalme para então agir, você saberá quando.

Barco

O Barco de pesca utilizado na região de Pwani, Tanzânia. É preciso ter perseverança para conquistar suas vitórias. Combater as forças contrárias da maré, contar com os ventos e aproveitar as oportunidades. Saber identificar o melhor local para pescar. Esta carta é inundada de azul, isto significa que a serenidade é importante para se conquistar algo, pois agir sem pensar não é a melhor solução.

O momento, portanto, é de mudança. Seja mudança pessoal, de lugar, de trabalho, mas mudanças necessárias e benéficas.

Mude os ares, mude a forma que observa o mundo e as pessoas; mude suas atitudes, veja para onde os ventos estão soprando ou onde há um cardume que trará prosperidade.

Viaje se necessário, mude sua rotina e perceba que a prosperidade está em todos os lugares.

Casa

As casas de Ndebele, tribo que fica na África do Sul, são famosas por suas pinturas. A pintura das fachadas e muros das casas é um privilégio exclusivo das mulheres Ndebeles. A pintura é a forte expressão individual da identidade das mulheres e o que diferencia uma mulher das outras é o estilo da pintura, o motivo, a composição e a escolha das cores. É preciso seguir seu coração e deixar sua independência aflorar; se sentir medo, lembre que sempre haverá um ombro amigo para voltar.

Busque sua segurança na sua base familiar, na sua casa. Encontre a força que precisa para realizar seus sonhos, apoio incondicional daqueles que te amam verdadeiramente.

No seu trabalho, crie laços fortes, promova o engajamento, compartilhe seus ideais, busque aliados. Seja líder.

Um sonho que se sonha só é só um sonho, mas um sonho que todos sonham se torna realidade, faça com que sonhem o seu sonho.

Árvore

Baobá é uma árvore típica do continente Africano, encontrada em Madagascar. Símbolos da luta dos negros no Brasil, o Baobá é mais que uma árvore de grande porte. Ela também trás uma história de resistência e força. A mensagem é ter que plantar uma base sólida para crescer e se fortificar e lembrar que a luta é diária e que precisamos sempre plantar boas sementes para colher bons frutos. Representa o Orixá Oxóssi.

Oxóssi é o patrono da prosperidade, da abundância, então crie raízes fortes e deixe florescer a energia deste Orixá em sua vida.

Força, abundância, prosperidade chegarão a sua vida se fizer o plantio da sua árvore correto.

Nuvens

O que podemos aprender quando tudo não parece fazer sentido? Nunca perder de vista nosso objetivo, tal qual o solo verde, que nos remete a esperança e usar o que se sabe para encontrar a solução para o que está passando. Momento de parar e enxergar além das nuvens. Esta carta representa Oxalá.

Os momentos de instabilidade são passageiros como as nuvens, mas não podem ser subestimados.

Oxalá é a luz da vida, o mistério da criação, então é normal que não consigamos enxergar as coisas com clareza no início, mas se olharmos para o horizonte, poderemos ver a esperança que Ele nos remete.

As nuvens podem assustar, mas pense que das nuvens mais negras, vem a chuva e a chuva fecunda o solo que nos traz o alimento, portanto, mesmo que a situação não esteja clara para você, aprenda que o melhor surgirá e fecundará as maravilhas em sua vida.

Serpente

A Python Bola é uma serpente encontrada nas regiões da África Ocidental e Central, não é venenosa e seu nome vem de seu hábito de se enrolar, parecendo uma bola, quando se sente ameaçada. Este fato nos revela uma perspectiva interessante ao observarmos as situações da vida, onde muitas vezes julgamos os outros pela aparência ou estamos nos fazendo de vítimas. O verde nos lembra da transmutação do "veneno em remédio".

A Serpente sempre trará o medo em sua mensagem e será preciso estar alerta para esta mensagem, pois pode revelar traição, falsidade e mentiras que nos envolve. Apenas esteja alerta para não se deixar envenenar e cometer erros que se arrependerá depois.

Não se permita se enredar pela fofoca e concentre sua energia em coisas, situações e pessoas positivas.

Caixão

A simbologia desta imagem está nas cores. O chão preto (fim do processo), o verde (transmutação), o marrom (materialização) e o amarelo (energia viva), nos mostra a necessidade constante de passar pelas etapas que a vida nos força. Esta carta é extremamente positiva se aprendermos que o fim de algo, ou alguma coisa, pode ser o começo de outra. O florescer para uma nova fase mais abundante.

O Caixão é uma carte extremamente positiva se a sentir como uma oportunidade de renovação. É uma carta que traz a mensagem de que tudo que está lhe fazendo sofrer acabará. Tudo o que pode estar vivendo e que está sem sentido, mudará, renascerá.

O Caixão é a perspectiva de salvação do que está ruim hoje, será melhorado para uma nova realidade.

Renasça!

Flores

Flores do campo encontradas na Rota das Flores de Namaqualand, África do Sul, que oferece uma das belas paisagens do mundo entre agosto e outubro. As diversas cores das flores nos lembram do quanto diversos nós somos e o quanto é importante estarmos felizes com nós mesmos. Paz interior é o colorido da alma.

Mensagem de paz, amor, alegria, felicidade, união. As Flores trazem a tão sonhada alegria que tanto desejamos.

Será um momento de alívio que sentirá, então aproveite o momento e acredite que mereça este momento, pois realmente merece.

Nos negócios e trabalho aproveite do bom momento para por as contas em dia e guardar um dinheiro extra para o futuro.

Foice

Foice Kota da etnia Fang, grupo étnico bantu da República do Gabão, África Ocidental. Instrumento de colheita tribal. Sua estética copiava a forma de cabeça de pássaros locais. Representa Orixá Obaluaê / Omulu, que tem duas representações da mesma força, uma da vida (trigos) e outra da morte (foice) / (Obaluaê e Omulu, respectivamente). É preciso terminar o que começamos e já prepararmos uma nova etapa, com o "terreno" limpo, afinal, não há como plantar em um terreno que ainda não fizemos a colheita.

Cortes bruscos na vida de coisas, situações e pessoas que não podem mais fazer parte do seu caminho, para que uma nova colheita seja feita. Então, permita-se livrar-se de tudo que não lhe faz bem e deixe ir. Espalhe novas sementes e deixe nascer uma nova realidade em seu campo e desfrute desta oportunidade.

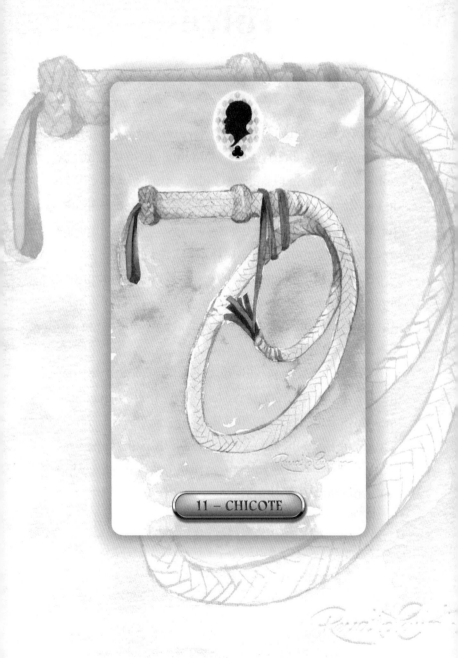

Chicote

O chicote da imagem é um Bullwhip, originalmente utilizado para controle do gado nos pastos, mas foi utilizado para conter prisioneiros Africanos no período do trafico Negreiro para o Brasil. Não há uma certeza de como esta ferramenta chegou ao continente Africano, mas especula-se que foi através das Colônias Espanholas, sobretudo na Guiné. A imagem propõe a reflexão da utilização da força desnecessariamente, quando for prejudicial, já que o chicote, na imagem, encontra-se amarrado. O uso da força só é relevante quando não é preciso usá-lo.

Esta carte revela força, liderança e realização, quando o chicote é utilizado para mover a boiada na direção certa, guiando o carro para frente e o livrando dos buracos no caminho. Se o chicote for usado para machucar, seu caminho terá a dor que provoca, então tenha cuidado com a maneira que utilizará este instrumento.

Pássaros

Íbis-Preto é uma ave migratória, que se refugia no continente Africano no período de inverno da Europa. A imagem é para ressaltar a importância dos planos que fazemos em nossas vidas, tal qual a migração de uma ave, ao sentir o ambiente, para que não sofra pela adversidade, migra para um lugar mais agradável e que sobreviva. Demonstra a necessidade de seguir seus sonhos, mas também suas necessidades, afinal, sonhos são idealizados a partir daquilo que desejamos em nossas vidas. O céu representando o amanhecer nos renova as esperanças e nos clareia um novo horizonte.

Os Pássaros são a mensagem de que tudo o quanto desejamos para nossas vidas acontecerá, de maneira feliz e natural.

Permitir que a leveza das situações se façam reais e usufrua da liberdade que possua ou venha a possuir.

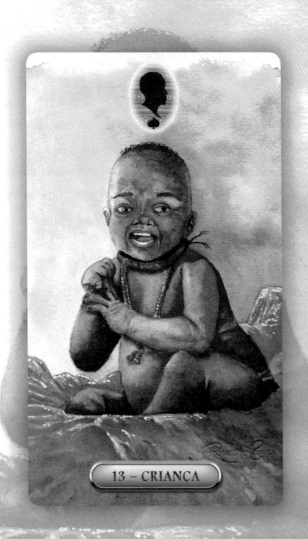

Criança

Representação de uma criança da Namíbia. Nascemos puros e inocentes, propícios a felicidade, mas tomamos contato com a materialidade da vida muito cedo, que represento com o solo marrom e amarelo. Para não perdermos a inocência no olhar para as situações, precisamos da nossa intuição, ouvir nossa voz interior e se aventurar em desafios novos e com alegria, tal qual uma criança aprende a andar. Esta carta representa Ibeji, as Crianças na mitologia Africana.

Novidades estão chegando de forma inesperada.

Agrade a sua criança interior, se presenteia com novidades.

Ibejis trazem a alegria para sua vida, tenha fé nas crianças do espaço e nunca perca sua inocência diante dos fatos.

Raposa

Raposa do Cabo, Deserto de Kalahari, Sul do Continente Africano.

Utilize a esperteza para florescer boas oportunidades na vida.

Esta carte pede cautela nos seus planos e observar antes de agir.

A esperteza deve fazer parte do seu cotidiano, para que não se deixe enganar com falsas oportunidades e pessoas.

Agir de forma cautelosa para ter sucesso.

A Raposa também traz a mensagem da necessidade de planejar para depois entrar em ação, pois um bom plano é necessário agora para que tenha sucesso e não agir impulsivamente.

Urso

A figura do Urso do Atlas vivia no Norte do continente Africano, na faixa litorânea entre Marrocos e Líbano e atualmente é considerado extinto.

A cor verde representada na carta é para lembrar que precisamos da saúde mental para nos livrar de pessoas e situações tóxicas, pois o verde é a cor da vitalidade, da saúde e da regeneração saudável.

As pessoas tóxicas que se dizem amigas, mas que sugam nossa energia, o famoso amigo Urso, aquele que te abraça e te sufoca.

Cuidado com as amizades e com sociedades, algo não está correto e estão agindo com falsidade para tirar proveito da sua amizade ou ligação afetiva.

Traição dos(as) que se mostram amigos(as) sempre são as que nos pegam de surpresa, pois não imaginamos que alguém tão próximo possa nos trair.

Estrela

O amarelo no centro da estrela está ligado ao saber, ao conhecimento adquirido ao longo da vida. O rosa está ligado à emoção e aos sentimentos. A imagem utilizada demonstra que precisamos utilizar nosso saber, mas também nossas emoções, expandindo nossa luz interior.

A Estrela é a luz da intuição que nos revela a espiritualidade.

A Estrela guia que nos orienta ao caminho certo. Este caminho é descoberto por nós mesmos seguindo nosso coração, nossa intuição.

A Carta dos Cartomantes e videntes, confie no que está sendo dito e abra os olhos para a verdade.

Extremamente positiva, a Estrela retira toda a negatividade das cartas ao redor e pede que confie no seu ser Espiritual para obter vitória. Confie na sua fé, nas suas orações, nos seus Guias Espirituais.

A verdadeira fé é aquela que acredita para ver e não a que precisa ver para crer.

Cegonha

A cegonha Marabu é encontrada em Botsuana, País na África Austral. As jovens cegonhas costumam dedicar atenção especial e carinho às aves mais velhas ou doentes – tanto que os romanos antigos criaram uma lei, incentivando as crianças a cuidarem dos idosos da família, chamada Lex Ciconaria (lei da cegonha). Espalhe harmonia e generosidade. Compartilhe a felicidade, cuide dos mais experientes e respeite nossos ancestrais.

A Cegonha traz novas oportunidades, novos caminhos, novos objetivos, uma nova fase da vida.

Pode avisar da necessidade de mudar algo em sua vida, então tire do papel os planos de regime, por exemplo, ou o tempo de planejamento de um projeto já expirou e é necessário por em ação.

Veja por tudo o que já passou e verifique se não está cometendo o mesmo erro de antes.

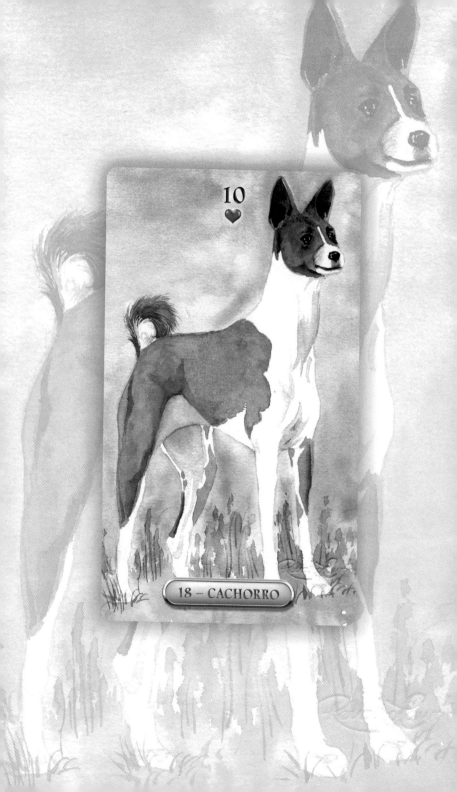

Cachorro

Cão da raça Basenji, é uma das raças mais antigas, e foi descoberto no Congo Africano vivendo com caçadores pigmeus. O Basenji tem um temperamento instável, é grande caçador e protetor. O uso desta imagem sugere o respeito mútuo que precisamos ter com os outros, respeitando seu espaço e temperamento, nem sempre ser amigo é dizer tudo para o outro sem filtro algum. A verdadeira amizade respeita e ama (rosa ao fundo) em sua totalidade.

O Cachorro diz que é hora de confiar, de pegar na mão de quem oferece ajuda e se permitir a ajuda.

Um amigo fiel e que estará ao seu lado em todos os momentos e que ajudará nas decisões mais difíceis.

Confiar cegamente no momento de angustia, salva, pois existem pessoas realmente bem intencionadas ao seu lado.

Torre

A torre de Bani, que fica no País Burkina Faso, são Mesquitas construídas em volta da cidade, mas estas Mesquitas não são voltadas para Meca, o que causa grande curiosidade.

Por serem espaço de Oração, a imagem revela a necessidade da reclusão espiritual para restruturação pessoal.

Está ligada ao Orixá Ogum da Mitologia Africana, por também estar relacionada à defesa e vigia.

Ogum é o Patrono das Guerras, historicamente falando, mas não é o causador, diz apenas que não foge da luta. Um Orixá que almeja Paz, mas não teme seu inimigo.

Entretanto, esta carta fala sobre as guerras internas que temos com nossa consciência, nossas aspirações e desejos. É preciso realmente parar e refletir, ter um momento para organizar pensamentos, sentimentos e renovar o seu eu interior.

Jardim

O Jardim da Companhia é o jardim mais antigo da África do Sul. Esse jardim fica localizado na cidade de Cabo. Existem mais de 9 mil espécies de plantas diferentes na qual todas elas são plantadas e cultivadas somente na África do Sul.

A diversidade de flores e plantas deste Jardim nos remete a própria necessidade de florir nossa vida, diversificar nossa historia, plantar beleza por onde passamos e deixar um legado para quem amamos.

A Carta traz a mensagem de amor, união, beleza verdadeira, a que está no interior. Sociedade favorável, ambientes tranquilos, felicidade com quem se está.

Positividade se deixar sua beleza interior florescer e permitir que os outros vejam toda a sua luz e sinceridade.

Montanha

Monte Kilimanjaro localizado no norte da Tanzânia, junto à fronteira com o Quénia, é o ponto mais alto da África, ergue-se no meio de uma planície de savana, oferecendo um espetáculo único.

Este vulcão adormecido, coberto agora por neve, ilustra bem que nem todas as dificuldades são obscuras. Muitas vezes precisamos ver a beleza, mesmo que o que esteja a nossa frente nos dê medo.

Esta carta representa o Orixá Xangô, da Mitologia Africana. Representação da Justiça, Força e Riqueza.

Orgulhe-se do que já conquistou, foi um caminho longo e tortuoso e não deve desmerecer seu esforço.

Xangô é o Pai da justiça, mas não ache que Ele será favorável a você, a Justiça de Xangô será favorável para quem foi injustiçado. Cautela ao pedir justiça, pois nem sempre somos o ferido, mas o que feriu.

Caminho

Uma estrada na Savana para representar uma das áreas mais férteis nos períodos de chuva e mais perigosas nas estiagens.

O caminho está livre, mas por onde seguir é sua escolha. É uma carta positiva que indica o rumo da vida e o que está a caminho em nosso destino.

Pode significar também que o trajeto já foi consolidado, a busca já foi feita e que este é o caminho mais fácil para conquistar seu objetivo.

Sucesso no final da jornada.

O Caminho revela que é hora de agir. Vá e realize seus planos, conquiste suas metas e saia do marasmo, ande.

Confie nas suas escolhas e siga em frente, pois o caminho está aberto e as decisões só te guiarão ao sucesso.

Rato

Rato espinhoso Africano. Encontrado predominantes em florestas ribeirinhas da África.

A mensagem desta imagem está centrada na predominância do verde ao fundo. Transmute as energias e não permita que sentimentos negativos paralisem as suas ações, mesmo que tudo esteja desmoronando ao redor, tire do rato, a sua astúcia de sobrevivência e se erga.

O medo e a incerteza são sentimentos destrutivos, por isso há necessidade de vencer estes sentimentos.

Neste momento você pode estar tóxico para os outros, roubando energia, invejando as situações, caluniando quem não merece.

Há perdas também em seu caminho, seja material ou energética, então previna-se e controle-se para que isto não te ponha mais para baixo.

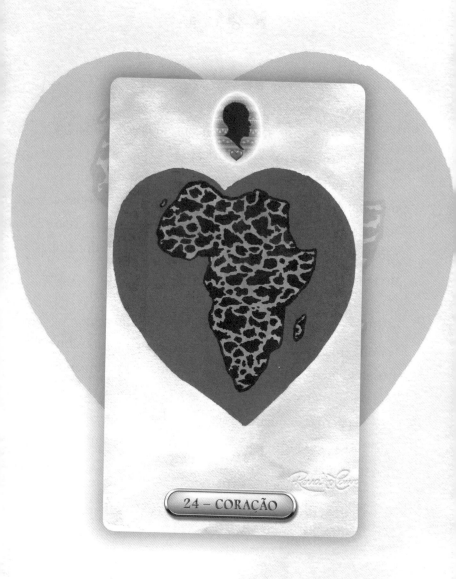

Coração

O amor é um verbo e todo verbo pressupões uma ação, então o amor não pode ser representado por palavras, mas por ações. Demonstre seu amor com gestos, ações, faça o amor acontecer. Emoções são para ser vividas e sentidas, se permita ao amor, todos nós merecemos amar e sermos amados.

Esta Carta está relacionada as escolhas passionais, você simplesmente não conseguirá ter uma decisão racional. Isto pode ser bom ou ruim, o futuro mostrará a consequência. Entretanto isto não é motivo para não escolher, pois ao seguirmos nosso coração estamos escolhendo a nós mesmos, aos nossos anseios e desejos e nos valorizando.

Estamos no momento em que nossas escolhas devem refletir o que realmente desejamos.

Carta favorável ao relacionamento amoroso e a união de almas gêmeas.

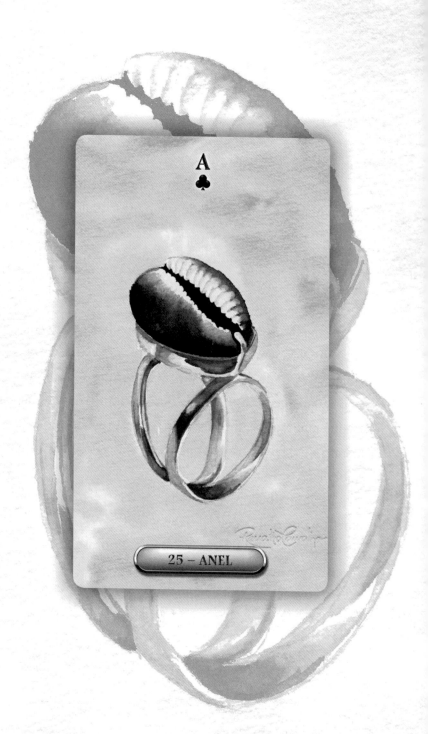

Anel

Representação máxima da Orixá Oxum, o anel é o adorno que melhor revela as qualidades desta Iabá. A beleza, a riqueza, o amor. A imagem mostra um símbolo do sacerdócio na Religião de matiz Africana, o anel do "deká" (momento iniciático onde o iniciado recebe a obrigação de "feitura de santo") reverencia a história e sabedoria de quem o porta, assim como o compromisso com sua espiritualidade.

Oxum é a Mãe do amor, dos relacionamentos, da união, então momento muito favorável para se conhecer a pessoa que trará felicidade.

Riquezas também são presságios da Oxum.

Realização dos sonhos de união, sociedade próspera e fartura nos negócios.

O Anel é o enlace das almas por uma ligação pura e fraterna, o amor puro.

Livro

Mais uma representação do Orixá Xangô, mas da sua forma sábia e ponderada.

A reflexão desta imagem é para lapidar quem nós somos (pedra) através do conhecimento (livro) para alcançarmos nossa evolução (amarelo).

Propositalmente coloquei a capa do livro, quase imperceptível, em azul, para demonstrar que para este caminho de lapidação, aprendizado e evolução, é preciso paciência e muito equilíbrio como base.

Aprimoramento, busca por sabedoria, estudos, conhecimento e reflexão. A carta do Livro pode estar ligada aos estudos ou ao trabalho, mas também pode significar a necessidade de se guardar um segredo, ter discrição ou, ainda calar-se.

De qualquer forma o livro diz que haverá evolução intelectual através do aprendizado ou a necessidade de aprender algo novo.

Carta

A Carta é sempre uma mensagem de confirmação. A resposta que virá. A expressão do que se sente em palavras.

A Carta sempre avisa o que vem logo a seguir, então, preste atenção na carta do baralho que vem logo após a ela, normalmente é um aviso que não pode deixar de ser percebido.

Quando a Carta sai em um jogo ela pode indicar notícias chegando rapidamente ou esclarecimento de dúvidas existentes sobre uma situação ainda não muito bem compreendida.

Esta carta também revela mensagem de Exu para o consulente. Exu vem confirmando a resposta que foi feita, mas também mostrando que está à frente, em ronda, para a defesa do consulente.

Homem

Homem com roupa tradicional Nigeriana.

Os homens Nigerianos são conhecidos pelo seu charme e inteligência, então use estas características a seu favor.

O homem representa o yang. Yang é o princípio ativo, masculino, diurno, luminoso e quente, pode ser o que esteja faltando neste momento. Entretanto, se lembre de ponderar as forças internas que a representação do homem sugere com o emocional, desta forma terá o equilíbrio perfeito.

Representa o consulente, o pai, o filho, o marido, o namorado ou o amigo, dependerá da questão levantada. No amor, o Homem pode significar um homem corajoso, honesto e protetor com quem se tem ligação. Representa a figura protetora do homem.

Mulher

Mulher com roupa tradicional Nigeriana.

As mulheres Nigerianas são conhecidas pelo empoderamento do feminino e luta, basta ver a história da Rainha de Zazau, Anima. Guerreira que comandou seu exercito para defender a rota do comércio subsaariano, principal fonte de Riqueza da sua Tribo.

Esta mulher representa a Orixá Nanã, muito sábia, a mais velha das Iabás, mas com temperamento forte e decisivo.

A mulher também representa o Yin, que é o princípio passivo, feminino, noturno, escuro e frio, por isso a complexidade da análise desta carta, que demonstra tamanha força.

Representa a consulente, a mãe, a filha, a esposa, a namorada ou a amiga, dependerá da questão levantada. A Mulher revela toda a feminilidade e intuição que existe em nós.

Lírios

Agapanto ou Lírio-africano, espécie original da África do Sul.

A união da Espiritualidade e da Intelectualidade para se alcançar o milagre.

Os Lírios são a personificação da paz interior, da pureza, da tranquilidade, da bondade, da alegria divina e da felicidade. Traz um período de paz, tranquilidade e harmonia em nossas vidas. Também é a carta da paz espiritual. Se relacionada a uma pessoa, representa uma pessoa fácil de lidar, que compreende os fatos e os outros com facilidade.

Quando esta carta aparece no jogo, indica a proteção divina e as forças do bem estão agindo em seu favor e ameniza os efeitos maléficos das cartas mais negativas.

Sol

O Sol do Deserto do Saara, avassalador, mas mesmo assim é a área que promoveu a Riqueza para o Norte da África. As rotas comerciais Saarianas eram o mesmo que o Mar Mediterrâneo para a Europa.

Mesmo no deserto mais seco e quente existem os oásis, então não desista e siga em frente, o sucesso é garantido.

O Sol significa dinheiro, riqueza, prosperidade, crescimento, luz, energia positiva, expansão e força criativa e criadora.

Considerada a carta mais positiva, traz consigo indícios de boa saúde, bons negócios, promoções no trabalho e pessoa bem-sucedida financeiramente.

Lua

A Lua sempre representará o mistério, a magia, o romance. Representa também o lado obscuro da vida, o segredo.

A Lua é a carta da intuição, o feminino, angústias, medos contidos, dúvidas, inconsciente, mundo interior e forças ocultas.

Pode revelar ser, ou estar passando por um momento de intensidade emocional ou com muito insegura.

Dificuldade para fazer escolhas.

Incertezas. Ilusão, conflito de sentimentos, pessoa que tem dificuldades para tomar decisões e falta de clareza de pensamentos.

33 – CHAVE

Chave

Chave de Bará, instrumento mágico do Orixá Bará. Este Orixá é o que abre os caminhos.

Bará é cultuado em todo continente Africano, pois é o Orixá responsável pela ligação dos humanos com os Orixás.

Prosperidade é o tema desta imagem, ressaltado pelo amarelo.

A Chave vem abrindo as portas, trazendo solução e livre-arbítrio. Sendo uma carta positiva, é a chave para o sucesso que está em suas mãos e que você precisa apenas estar disposto a girar a chave e ir adiante para fazer o que tem de ser feito.

Esta carta pede atitude: é preciso fazer, é preciso decidir, é preciso ir. Depende de você.

Peixes

O galjoen, a dourada ou o peixe preto é uma espécie de peixe marinho encontrado apenas ao longo da costa do sul da África, de Angola à África do Sul.

Representação da Orixá Iemanjá, Dona dos mares e dos seus mistérios.

A riqueza de Iemanjá deve ser conquistada e merecida, então faça por onde. Tenha fé no sucesso e retidão em suas atitudes.

Os Peixes representam a riqueza, prosperidade, dinheiro, satisfação pessoal através de ganho material, bons negócios, multiplicação e lucro, simbolizando a materialização de algo e fartura.

Indica sucesso e lucro em novos empreendimentos e que o empenho na atividade profissional será recompensado.

Âncora

A Âncora sempre confirma a questão que está na mesa. Se for uma pergunta se dará certo, sim, dará.

Se for a pergunta se foi uma pessoa, sim, foi. Esta carta traz certezas, sempre.

A Âncora significa algo firme e seguro em que se pode confiar e contar. Felicidade, estabilidade, segurança material, autoconfiança e êxito.

Boa sorte. Boas possibilidades no trabalho. Estabilidade nos negócios.

Conquistas materiais duradouras.

Por isso, se algo está te segurando, lembre-se que é possível levantar a âncora e buscar outro lugar seguro.

Cruz

A Cruz Copta de fato lembra uma cruz, e simbolizava na escrita hieroglífica egípcia a vida após a morte, ressurreição, vida, imortalidade da alma. Associada inicialmente aos Egípcios Cristãos passou a ser difundida na Etiópia, este modelo, em especial é a Cruz Ortodoxa Copta Etíope.

O marrom se refere à transmutação, ou abandono, da materialidade em detrimento ao espiritual, mas um espiritual ligado ao saber.

A Cruz é a representação da Salvação, então, mantenha a fé e a certeza de que não está só.

Vitória, o ponto de encontro, o triunfo, os objetivos sendo alcançados a partir do sacrifício, a lei de ação e reação em curso. O carma, a remissão para a evolução, resgates de dívidas espirituais.

Dificuldades, tropeços, o sacrifício que liberta com certeza de vitória no final. Pode significar que passa ou passará por um momento de provação, mas que terá sucesso em todos os campos da vida, assim como proteção espiritual.

Consagração das Cartas

As cartas, assim que adquiridas, precisam ser consagradas. Você pode fazer da maneira que aprendeu, ou intui. Deixarei aqui o registro da maneira indicada pelos ancestrais, mas como falei, faça da maneira que melhor criará o vínculo da sua energia com as cartas.

Material que precisará:

- Vela de 7 dias colorida
- Toalha de mesa, que será utilizada para guardar o Baralho.
- 1 pedra semipreciosa
- 1 vela de cera
- 1 incenso de lavanda
- 1 copo de água mineral

Na primeira lua cheia, em seu primeiro dia do seu ciclo, prepare o local para consagração do Baralho. É importante que o local seja iluminado pela lua, pode ser através de uma janela.

Forre o local com a toalha de mesa que será utilizado. Aconselho a usar um lenço, ou o tecido que será usado para embrulhar o baralho sempre que você não utilizá-lo. Para posicionar o material, imagine uma estrela de 5 pontas. Você distribuirá todos os elementos, um em cada ponta da estrela, como na figura:

Importante a vela de 7 dias colorida esteja na ponta superior, os outros elementos ficarão na outras pontas. Lembrando que a toalha deve já estar posta.

Pegue o baralho, que ainda não deve ter sido embaralhado e iniciará a consagração.

1 – Acenda vela colorida e faça a oração de Santa Sara Kali. Enquanto estiver recitando a oração, vá embaralhando as cartas.

Oração de Santa Sara Kali

Santa Sara, minha protetora, cubra-me com seu manto celestial. Afaste as negatividades que porventura estejam querendo me atingir. Santa Sara, protetora dos ciganos, sempre que estivermos nas estradas do mundo, proteja-nos e ilumine nossas caminhadas. Santa Sara, pela força das águas, pela força da Mãe-Natureza, esteja sempre ao nosso lado com seus mistérios. Nós, filhos dos ventos, das estrelas, da Lua cheia e do Pai, só pedimos a sua proteção contra os inimigos. Santa Sara, ilumine nossas vidas com seu poder celestial, para que tenhamos um presente e um futuro tão brilhantes, como são os brilhos dos cristais. Santa Sara, ajude os necessitados; dê luz para os que vivem na escuridão, saúde para os que estão enfermos, arrependimento para os culpados e paz para os intranquilos. Santa Sara, que o seu raio de paz, de saúde e de amor possa entrar em cada lar neste momento. Santa Sara, dê esperança de dias melhores para essa humanidade tão sofrida. Santa Sara milagrosa, protetora do povo cigano, abençoe a todos nós, que somos filhos do mesmo Deus. Santa Sara, rogai por nós. Amém

2 – Pegue o as cartas que foram em baralhadas e faça um leque, sem ver as imagens.

Passe sobre cada elemental, consagrando também as Cartas para cada um deles:

"Consagro este oráculo em nome de
Santa Sara Kali, com as forças da natureza.
Consagro ao elemental água, ar, terra e fogo"

3 – Embaralhe as Cartas novamente e as abra em leque no centro da mesa, com as figuras viradas para cima:

4 – Separe as seguintes cartas: Estrela e Mulher ou Homem. Na imagem, coloquei as Cartas da Estrela e do Homem por ser do gênero masculino.

Agora deixe as cartas por 7 dias, dias que dura a fase da lua e todos os dias vá a mesa e troque a água, o incenso, limpe a pedra com um pano e acenda nova vela de cera.

Durante estes 7 dias, quando for limpara a mesa, recite alguma oração que goste, cantarole uma música, diga coisas boas para você em relação ao baralho. O importante é impregnar a sua energia no Baralho.

Passados estes 7 dias, recolha os materiais utilizados e enrole o seu Baralho na toalha de mesa usada. Seu baralho sempre deverá ser guardado após o uso com esta toalha e mesa.

Pronto, o seu Baralho está pronto para usar.

Métodos de Leitura

Os métodos de leituras tradicionais foram ensinados pelos antepassados. Entretanto isto não significa que você não possa fazer de outra maneira, uma maneira única. O importante é deixar fluir o jogo e a leitura, de maneira que a verdade que a/o consulente precisa seja dita.

Método de 3 Cartas

1 – Representa o Passado – o fato / a questão / o que está a favor

2 – Representa o Presente – os obstáculos / as dificuldades / o momento e o que causa a questão

3 – Representa o Futuro – a influência / o caminho / os próximos acontecimentos

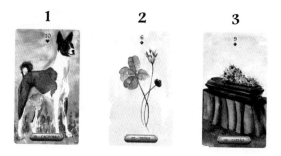

Método do Conselho

1 – Representa o Conselho – o que precisa fazer / a palavra amiga

2 – Representa o Obstáculo – o que impede / o que não está vendo

3 – Representa o Apoio – com o que ou quem pode contar / o que ainda não fez e que pode ajudar

Método de 5 Cartas

1 – Representa a Pessoa – o fato / a questão / o que está a favor

2 – Representa o Outro – os obstáculos / as dificuldades / o momento e o que causa a questão

3 – Representa a Ação – a influência / o caminho / os próximos acontecimentos

4 – Representa o Resultado – as consequências / a sentença / a solução / os desafios / o que os separa

5 – Representa a Resposta – o conselho / a mensagem

Método REAL de 36 Cartas

Este método de leitura serve para dar uma visão geral da vida do consulente. Normalmente, antes de responder a qualquer pergunta elaborada pelo consulente, é importante ver o aspecto geral da vida.

Analisará linha por linha. Cada linha tem ligação com um aspecto da vida do consulente.

Inicie sempre pela LINHA CHAVE. Esta linha é definida pela posição da carta que representa a/o consulente (cartas Mulher ou Homem) e revelará qual a maior preocupação atual do consulente, mas não significa que seja o motivo que procurou a leitura das cartas.

Após identificada a Linha Chave, segue a leitura a partir da primeira linha, não precisando repetir o que foi dito na Linha Chave.

Passado	Presente	Futuro	Distribuição das Cartas
01 02	03 04	05 06	Espiritualidade
07 08	09 10	11 12	Racionalidade
13 14	15 16	17 18	Emocional
19 20	21 22	23 24	Saúde
25 26	27 28	29 30	Trabalho / Estudo
31 32	33 34	35 36	Prosperidade

Leitura por linha

1 – Motivo da situação atual (como chegou a isso)

2 – Situação atual (o que está vivendo)

3 – O que precisa fazer (mudar as atitudes)

4 – O que não está percebendo (sentimentos ou situações escondidas)

5 – Indicação do caminho (se fizer o que precisa terá este resultado)

6 – O que é inevitável (o que acontecerá se nada for mudado)

Sempre que finalizar uma leitura feche adequadamente agradecendo as energias que auxiliam a leitura e guarde seu baralho embrulhando com a toalha de mesa do ritual.

Última Mensagem

"Ontem passado.

Amanhã futuro.

Hoje agora.

Ontem foi.

Amanhã será.

Hoje é.

Ontem experiência adquirida.

Amanhã lutas novas.

Hoje, porém, é a nossa hora de fazer e de construir."

Chico Xavier

Outras publicações

CIGANOS – MAGIAS DO PASSADO DE VOLTA AO PRESENTE

Evandro Mendonça

Na Magia, como em todo preceito espiritual e ritual cigano, para que cada um de nós tenha um bom êxito e consiga o que deseja, é fundamental que tenhamos fé, confiança e convicção. E, naturalmente, confiança nas forças que o executam. Para isso é fundamental que acreditemos nas possibilidades das coisas que queremos executar.

Formato: 16 x 23 cm – 176 páginas

TARÔ DOS GUARDIÕES –
Os Arcanos Menores

Karol Souza

O Tarô dos Guardiões é o resultado de profundos estudos e busca desmistificar a irradiação de Exus e Pombogiras dentro da religião de Umbanda. Tem sua leitura baseada na atuação (ponto de força), classificação (falange) e hierarquia (irradiação do Orixá) destes Agentes de Luz em comunhão com conhecimentos sacerdotais milenares descritos simbolicamente pelos 56 Arcanos Menores, para que mediante eles, possamos obter mais conhecimento sobre nossa jornada terrena.

Este tarô foi desenvolvido com carinho e seriedade e não desmerece outros baralhos/tarôs conhecidos no meio oracular, mas expõe a riqueza de métodos divinatórios. Que nossa caminhada seja de compreensão e aprendizagem mútua.

Acompanha um baralho com 56 cartas coloridas, dos Arcanos Menores.
Formato: 14 x 21 cm – 128 páginas

TARÔ DE MARSELHA – MANUAL PRÁTICO

Ademir Barbosa Júnior (Dermes)

O Tarô consiste num oráculo, num instrumento de autoconhecimento, de observação e apreensão da realidade, consultado por meio de cartas.

Como as cartas (ou lâminas, numa terminologia mais técnica), nas mais diversas representações no tempo e no espaço, tratam de arquétipos universais – e o objetivo deste livro não é estabelecer a história do Tarô, o que diversos bons autores já fizeram –, todas as atenções se concentrarão no tipo de baralho estudado: o Tarô de Marselha.

Acompanha um baralho com 22 cartas coloridas, dos Arcanos Maiores.

Formato: 14 x 21 cm – 160 páginas

TARÔ DOS ORIXÁS

Ademir Barbosa Júnior (Dermes)

O Tarô dos Orixás é um oráculo baseado na riquíssima espiritualidade de Orixás, Guias, Guardiões e da Ancestralidade Individualizada (Babá Egun). Idealizado pelo autor, apresenta a sabedoria, os ensinamentos e as lições para cada setor da vida (saúde, amor, finanças etc.) em leituras breves ou mais aprofundadas.

Sempre respeitando o livre-arbítrio, o Tarô dos Orixás é um instrumento seguro de autoconhecimento ou de atendimento e orientação a indivíduos e/ou grupos em busca de experiências centradas e equilibradas, nas quais as luzes e sombras de cada um e do conjunto sejam reconhecidas, respeitadas e integradas.

Com 22 cartas ricamente ilustradas por Miro Souza, o Tarô dos Orixás, mais que um oráculo, é uma fonte de movimentação de Axé para todos os que dele se utilizam.

Formato: 14 x 21 cm – 160 páginas

Outras publicações

EXU – A MÃO ESQUERDA DO CRIADOR

Ortiz Belo de Souza

Exu – A Mão Esquerda do Criador vem como ferramenta indispensável para o praticante da Umbanda, com seus fundamentos e esclarecimentos que dará novo horizonte proporcionando a evolução!

Bases sólidas provenientes de anos de trabalho, respeitando a tradição vinda através de nossos ancestrais espirituais, desmistificando o que é a Esquerda da Umbanda, entendendo a Cruz da Criação em uma visão de gênese e hierarquia espirituais nunca escritas em obras literárias.

Assim é este trabalho que vem dar ao médium de Umbanda o que ele sempre teve, mas ainda estava oculto em sua vida como religioso.

Formato: 16 x 23 cm – 144 páginas

O LIVRO DE OURO DA UMBANDA

Ortiz Belo de Souza

"O Livro de Ouro da Umbanda", este título nos leva ao mundo de interpretações do fascínio que é a religião de Umbanda. Uma obra pautada na ética que indica o brilho que é ser médium de Umbanda. Um Chamado religioso que proclama a importância do Poder Supremo do Criador através dos espíritos de Luz, sendo um alicerce que permitirá a união de todos os pensamentos, enaltecendo sempre a grandiosidade que é servir como medianeiro dos planos extrafísicos, conotando a realeza que vem por trás daqueles dotados da capacidade de interagir com seus guias espirituais, de maneira sempre humilde.

Um compêndio de explanações que servem a todos nós o tempo todo, ajudando na educação do medianeiro, em sua meditação sobre "o que eu sou" e o "o que devo ser". Com certeza, utilizará esta ferramenta para elevar seu trabalho religioso.

Formato: 16 x 23 cm – 256 páginas

A UMBANDA SOB A ÓTICA NEUROLINGUÍSTICA

Márcio Martins Moreira

Este livro mostra a religião de Umbanda, alguns de seus principais aspectos e conceitos, através da percepção da Neurolinguística.

E a Umbanda é real? O que a Umbanda "pensa" a respeito das questões do mundo? Quais são os conceitos que os Guias de Umbanda, incorporados nos médiuns, têm a passar aos humanos encanados?

Esses questionamentos, aliados a um olhar diferenciado para as coisas que acontecem no "terreiro", são apresentados neste livro, não buscando encerrar o assunto mas a incentivar o leitor a ver a religião por outro ângulo.

Assim, a PNL traz uma metodologia apropriada para o questionamento da religião de Umbanda, uma das mais belas religiões que existem.

Formato: 16 x 23 cm – 144 páginas

GIRA DOS ANIMAIS – Trabalho de Amor dedicado aos Animais

Luzia Contim

Assim como as pessoas, os animais de estimação saudáveis podem, ocasionalmente, ter desequilíbrios físicos, emocionais e mentais que, se não tratados, poderão se manifestar como doenças nos diversos planos.

O tratamento espiritual alcança as enfermidades físicas, mentais e espirituais, e proporciona também relaxamento e serenidade para facilitar e melhorar a resposta aos tratamentos veterinários, a cura natural do corpo e o fortalecimento da saúde.

O Trabalho é dirigido aos animais, entretanto, é comum que durante o atendimento, o tratamento seja direcionado ao tutor até mais que ao próprio animal.

Vivencie esta jornada de amor, de aprendizado e transformação, com este livro dedicado aos animais.

Formato: 16 x 23 cm – 144 páginas

Outras publicações

FEITIÇOS, MAGIAS E MIRONGAS

Evandro Mendonça

Mais uma obra que apresento a vocês, meus leitores, com muito orgulho e satisfação do dever comprido. Espero que seja do agrado de todos e que possam usufruir de todos os feitiços contidos nessa obra.

São feitiços simples mas de muita eficácia, e muitos deles hoje nem praticados mais na maioria dos terreiros. Vocês encontrarão vários feitiços com o propósito de ajudar a cada um à medida do possível e do merecimento de cada um.

Mas, para aqueles que ainda cultuam uma Umbanda antiga de amor, fé, raiz e fundamento, tenho certeza de que se identificarão com essa obra e seus feitiços.

Lembrando que esta obra é quase um segmento do meu primeiro e mais vendido livro: *Umbanda – Defumações, Banhos, Rituais, Trabalhos e Oferendas*.

Formato: 16 x 23 cm – 192 páginas

ZÉ PELINTRA – FEITIÇOS E MAGIAS

Evandro Mendonça

Este livro foi feito com muito amor e carinho, ainda mais falando em espiritualidade, doutrina, raiz e fundamentos religiosos.

É um livro simples, básico, didático, direcionado à todos aqueles médiuns novos que estão entrando para os terreiros de Umbanda, e que realmente têm o desejo de aprender.

É um livro que apresenta banhos, defumações, pontos cantados, rituais, magias, feitiços, oferendas e simpatias, da linha dos Malandros que podem ser muito úteis e usados no seu dia a dia.

Formato: 16 x 23 cm – 192 páginas

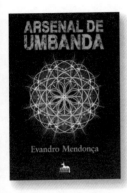

ARSENAL DE UMBANDA

Evandro Mendonça

O livro "Arsenal da Umbanda" e outros livros inspirados pelo médium Evandro Mendonça e seus mentores, visa resgatar a Umbanda no seu princípio básico, que é ligar o homem aos planos superiores. Atos saudáveis como o de acender uma vela ao santo de sua devoção, tomar um banho de descarga, levar um patuá para um Preto--Velho, benzer-se, estão sendo esquecidos nos dias de hoje, pois enquanto uns querem ensinar assuntos complexos, outros só querem saber de festas e notoriedade.

Umbanda é sabedoria, religião, ciência, luz emanada do alto, amor incondicional, crença na Divindade Maior. Umbanda é a própria vida.

Formato: 16 x 23 cm – 208 páginas

ORIXÁS – SEGURANÇAS, DEFESAS E FIRMEZAS

Evandro Mendonça

Caro leitor, esta é mais uma obra que tem apenas o humilde intuito de somar a nossa Religião Africana. Espero com ela poder compartilhar com meus irmãos e simpatizantes africanistas um pouco mais daquilo que vi, aprendi e escutei dos mais antigos Babalorixás, Yalorixás e Babalaôs, principalmente do meu Babalorixá Miguel da Oyá Bomí. São ensinamentos simples, antigos, porém repletos de fundamento e eficácia na Religião Africana; alguns até mesmo já esquecidos e não mais praticados nos terreiros devido ao modernismo dos novos Babalorixás e Yalorixás e suas vontades de mostrar luxúrias, coisas bonitas e fartas para impressionar os olhos alheios.

Formato: 16 x 23 cm – 192 páginas

Outras publicações

ARUANDA – A Morada dos Orixás
Daniel Soares Filho

O livro está dividido em duas grandes partes. A primeira tem um desenho descritivo baseado em uma coleta de dados e informações a respeito do conceito de Aruanda. Longe da pretensão de ser uma definição doutrinária, os capítulos visam trazer para os leitores um pouco da trajetória do autor no que se refere às pesquisas e, porque não dizer, as suas curiosidades com relação ao tema.

A segunda parte tem por objetivo apresentar algumas histórias narradas pela espiritualidade e quem têm um caráter de ensinamento para a vida de todos os que, de uma forma ou de outra, buscam crescer como seres humanos e seres divinos, ou como dizem grandes Mestres da humanidade: a busca do Despertar Espiritual.

Formato: 16 x 23 cm – 144 páginas

A UMBANDA BEM EXPLICADA
Daniel Soares Filho

"A Umbanda bem explicada" é o resultado de uma pesquisa de campo e bibliográfica que tem por objetivo trazer a público algumas expressões, palavras e atividades ligadas à realidade umbandista. Em um território continental como o Brasil e pela ausência de uma codificação dogmática, a Umbanda apresenta um leque amplo de diferentes práticas e saberes que merecem ser discutidos.

A obra não tem a pretensão de abarcar todas as possibilidades do exercício da religião. O que se busca é abordar os temas sobre a Umbanda, tendo como princípio básico o respeito a todas as Casas que fazem tremular, com honra e dedicação, a "bandeira de Oxalá". Durante os capítulos, o leitor notará, por diversas vezes, a preocupação do autor em alertar para o fato de que o seu discurso não é único e muito menos taxativo.

Formato: 16 x 23 cm – 160 páginas

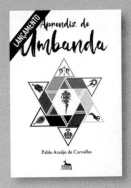

O LIVRO DE OURO DOS ORIXÁS

Ademir Barbosa Júnior (Dermes)

A Umbanda cultua e trabalha com Orixás. Não são "caboclos ou falangeiros" de Orixás, mas os próprios, que se manifestam de vários modos, inclusive mediunicamente por meio da incorporação. Nunca encarnaram e pertencem a um grau de adaptação aos encarnados e aos indivíduos em que incorporam, evidentemente tendo ainda de baixar seu alto padrão vibratório para tal. Ora, quando alguém migra do Candomblé para a Umbanda ou vice-versa, por exemplo, o Orixá que o assiste e/ou incorpora muda? Não e por várias razões.

Neste livro, o leitor encontrará todas as características de cada Orixá, como sua cor, sua comida, seus elementos e tudo mais que o representa, de uma forma simples e clara.

Formato: 16 x 23 cm – 192 páginas

APRENDIZ DE UMBANDA

Pablo Araújo de Carvalho

"Aprendiz de Umbanda" é um livro construído num enredo filosófico e científico, narrando ali conhecimentos adquiridos pelos seus mestres encarnados e espirituais traduzindo em forma de palavras alguns conhecimentos que só o tempo através do espaço foi capaz de amadurecer. É um livro construído através de uma ótica e didática professoral, pegando o leitor pelas mãos e introduzindo-o de forma filosófica e reflexiva no mundo encantado da Umbanda e aproximando a Umbanda na vida prática do leitor.

Esperamos que tenham uma boa e reflexiva leitura.

Formato: 16 x 23 cm – 256 páginas

Outras publicações

UMBANDA – DEFUMAÇÕES, BANHOS, RITUAIS, TRABALHOS E OFERENDAS

Evandro Mendonça

Rica em detalhes, a obra oferece ao leitor as minúcias da prática dos rituais, dos trabalhos e das oferendas que podem mudar definitivamente a vida de cada um de nós. Oferece também os segredos da defumação, assim como os da prática de banhos. Uma obra fundamental para o umbandista e para qualquer leitor que se interesse pelo universo do sagrado. Um livro necessário e essencialmente sério, escrito com fé, amor e dedicação.

Formato: 16 x 23 cm – 208 páginas

PRETO-VELHO E SEUS ENCANTOS

Evandro Mendonça inspirado pelo Africano São Cipriano

Os Pretos-Velhos têm origens africana, ou seja: nos negros escravos contrabandeados para o Brasil, que são hoje espíritos que compõe as linhas africanas e linhas das almas na Umbanda.

São almas desencarnadas de negros que foram trazidos para o Brasil como escravos, e batizados na igreja católica com um nome brasileiro. Hoje incorporam nos seus médiuns com a intenção de ajudar as almas das pessoas ainda encarnadas na terra.

A obra aqui apresentada oferece ao leitor preces, benzimentos e simpatias que oferecidas aos Pretos-Velhos sempre darão um resultado positivo e satisfatório.

Formato: 16 x 23 cm – 176 páginas

RITUAIS DE UMBANDA

Evandro Mendonça

Este livro é uma junção de antigos rituais, bem simples e fáceis de fazer, e que só vem a somar àqueles médiuns ou terreiros iniciantes.

Mas, poucos sabem que esses rituais foram, são e sempre serão, regidos por uma lei que sempre se chamou, que a chamamos e sempre chamaremos Umbanda com amor e respeito.

Portanto, dentro da religião de Umbanda, ter conhecimento dessas leis, forças, rituais e etc., significa poder.

Formato: 16 x 23 cm – 192 páginas

RITUAIS DE QUIMBANDA – LINHA DE ESQUERDA

Evandro Mendonça

Essa obra é mais um trabalho dedicado aos que querem e buscam um pouco mais de conhecimento sobre como trabalhar com os exus e pombas-gira.

São rituais simples, mas muito eficazes, que podem ajudar muito o dia a dia de um médium e de um terreiro de Umbanda.

Espero que façam um bom uso desses rituais, e nunca esqueçam a lei do livre arbítrio, ação e reação e do merecimento de cada um. Somos livres para plantarmos o que quisermos, mas somos escravos para colhermos o que plantamos.

Formato: 16 x 23 cm – 224 páginas

Distribuição exclusiva

www.aquarolibooks.com.br